Amrum
lieben lernen

*Entdecken Sie die Insel und die
schönsten Orte, um Ihren
nächsten Urlaub perfekt zu planen*

Mareike Waldbach

INHALT

Was erwartet Sie in diesem Buch?

Sie erfahren, wie Sie Amrum entdecken können. Sie brauchen im Urlaub keine Partys,
Discos, Designerläden und Golfplätze? Sie
wollen frische Luft, Meer, Sand, Wald und Heide
und möchten abends nach einem Tag in der wun-
derschönen Natur müde in Ihr Bett sinken und
fantastisch schlafen? Dann sind Sie auf der Insel
Amrum, der heimlichen Inselkönigin in der Nordsee, genau richtig. Regentage; Sonnentage, alles
hat seinen Reiz. Sie wissen erst, wovon ich
schreibe, wenn Sie auf dem Kniepsand die feinen

Sandschleier gesehen haben, die der Wind vor sich her treibt. Und windig ist es immer auf Amrum, das ist garantiert. Amrum versprüht einen ursprünglichen Charme, dem man sich nicht entziehen kann. Lernen Sie die Insel kennen, ihre Besonderheiten, die Bewohner und lassen Sie sich von der Vielseitigkeit der Insel überraschen.

Ihre Entdeckungsreisen könnten so aussehen: Von Wittdün zum See in den Dünen, dem „Wriakhörnsee", weiter zum Leuchtturm, durch urwüchsige Dünentäler und über den Kniepsand an das rauschende Meer. Sie können auch auf den Spuren der Bronzezeit weiterwandern zu den Hünengräbern, bronzezeitlichen Siedlungen und zu den Wikingerburgen. Es geht weiter durch den schattigen Inselwald in das malerische Inseldorf Nebel. Wenn Sie dann noch Lust haben, können Sie am stillen Watt zum Vogelschutzgebiet an der Odde laufen. Sie sehen, Amrum ist sehr vielschichtig. Die längste Wanderung, die Sie auf Amrum unternehmen können, umfasst etwa 27 km. Sie haben dabei den ganzen Kniepsand unter den Füßen und wegen der angenehm harten Oberfläche ist dies eine leichte Übung.

Naturlehrpfade gibt es:

- Zwischen Norddorf und dem Strand
- An der Wattenmeerküste bei Nebel
- Im Westerheide-Gebiet westlich von Nebel
- Am Wriakhörnsee

Auch die kulinarische Seite kommt in keinem Fall zu kurz. Für jedes Budget steht Ihnen eine große Zahl von Einkehrmöglichkeiten, vom feinen Fischrestaurant über Strandbars bis zum Fischimbiss zur Verfügung. Originelle Cafés finden Sie in Nebel und Norddorf.

Im Winter sind allerdings viele Restaurants geschlossen. Aber seien Sie unbesorgt; kulinarische Höhepunkte sind Ihnen trotzdem gewiss. Die Lammtage im Frühjahr und die Muschelwochen im Herbst sind sehr zu empfehlen.

Amrum ist ein Fleckchen Erde mit hoher Anziehungskraft. Man kehrt immer wieder hierher zurück.

Die Anreise ist bereits ein Highlight

Eine Anreise ist per Bahn und Auto möglich. Unmittelbar am Fähranleger in Dagebüll befindet sich die Zughaltestelle Dagebüll-Mole, die mehrmals täglich von der Deutschen Bahn angefahren wird. Kommen Sie mit dem Auto in Dagebüll an und wollen Sie Ihr Fahrzeug nicht mit auf die Insel nehmen, benutzen Sie am besten den Parkplatz in Hafennähe. Eine

Reservierung für den Parkplatz ist nicht erforderlich. Die Entfernung zum Hafen beträgt ca. 700 Meter. Zwischen Parkplatz und Fährhafen Dagebüll verkehrt ein kostenloser Shuttlebus. Wenn Sie Ihr Auto auf der Insel nutzen möchten, sollten Sie die Fähren der Wyker Dampfschiffs-Reederei Föhr-Amrum GmbH (W. D. R) auf jeden Fall über die Homepage reservieren; in der Hauptreisezeit bereits mehrere Wochen im Voraus.

Fahrpläne und Fährverbindungen sind ebenfalls über die Homepage abrufbar und Sie können Ihre Anreise bis auf die Minute planen. Die Überfahrt durch das Wattenmeer nach Amrum dauert 90 Minuten ohne Zwischenstopp auf der Insel Föhr. Fährt Ihre Fähre über Föhr, dauert die Überfahrt ca. 120 Minuten. Achten Sie bitte auf die Sternchen und Fußnoten im Fahrplan.

Der Urlaub fängt an mit dem typischen Geräusch, dem „klack-kalack", dem Auffahren der Autos auf die Fähre. Sobald sie sich in Bewegung setzt, fängt die Entspannung an. Sie haben abgelegt von Alltag und Stress und einem Leben, in dem jeder sich selbst so wichtig nimmt. Nichts weiter als blauer Himmel, Wasser, frische Seeluft und endlose Weite. Wenn es das Wetter zulässt,

nehmen Sie auf dem Sonnendeck Platz und vielleicht erkennen Sie bald die Halligen oder sogar
Seehundbänke. Die Möwen kreischen und es ist
einfach nur angenehm, in der Natur zu sein. Die
Zeit vergeht viel zu schnell und bald schon kommt
der Leuchtturm von Amrum in Sicht, Sie sind am
Ziel. Nur 22 Kilometer liegen zwischen Ihnen und
dem Festland; und doch liegen Welten dazwi-
schen.

Tipp: Lassen Sie Ihr Auto auf dem Parkplatz in
Dagebüll stehen, denn die Mitnahme Ihres Autos
ist teuer, kostet eine lange Wartezeit vor der Fähre
und ein Fahrzeug ist definitiv nicht erforderlich
auf der Insel. Auf Amrum gibt es lediglich 14 Kilometer Straßen für Autos und einen sehr funkti-
onellen Busdienst. Auch das Ausleihen von Fahrrädern ist kein Problem.

DIE INSELDÖRFER

So verschieden wie meine Leserinnen und Leser
sind, sind auch die Inseldörfer. Wenn Sie die weiteren Kapitel über die einzelnen Dörfer gelesen
haben, werden Sie wissen, wovon ich spreche.

Orts- und Straßenschilder sehen für den Inselbesucher recht fremdartig aus. Weil Friesisch keine Schreibsprache ist, gibt es auch andere Schreibweisen. Überall flattern blau-weiß-rote Fahnen im Wind. Es handelt sich um die Farben Schleswig-Holsteins. Es gibt auch die häufig zu sehende gelb-rot-blaue Fahne, das ist diejenige Nordfrieslands. Alles ist wohlgeordnet auf Amrum. Die Rasenflächen sind streichholzkurz gehalten und die Hecken eckig beschnitten. Amrum stellt sich vielerorts traditionstreu, „unverkitscht" und „unversyltet" dar. Die dörfliche Atmosphäre ist nicht mehr überall zu finden, was von Ästheten sehr beklagt wird, jedoch hat auf der Insel mittlerweile auch die „Moderne" Einzug gehalten.

Aber gemütlich ist es immer noch. Auch mit den Ur-Insulanern kann man zurechtkommen, wenn man mit ihnen warm geworden ist. Aber von ihnen zu einer Tasse Tee eingeladen zu werden, damit kann man normalerweise nicht rechnen. Vom Menschen auf dem Festland reden die „alten Insulaner" als „die da draußen in Deutschland" oder vom Festland. Und das hört sich nach einem weit entfernten Kontinent an. Hintergrund ist wohl, dass die Amrumer sich von der Politik nicht wahrgenommen fühlen und sich auch dementsprechend verhalten. So ist das eben auf Amrum und das sollte man wissen. Erleben Sie es anders, mag man Sie besonders und es kann sein, dass die Insulaner Ihnen Dinge über die Insel erzählen, die Sie in keinem Reiseführer nachlesen können.

WITTDÜN

Sie kommen mit einer der Fähren am Fähranleger im Seezeichenhafen Wittdün, friesisch „Witjdün", dem Tor zur Insel, an. Von Weitem schon sehen Sie die „Keksdose". Dieses Gebäude sticht einem etwas schmerzvoll ins Auge. Die Wittdüner Bevölkerung sieht dies jedoch mittlerweile mit Humor und es existiert sogar ein Café mit diesem Namen. Wittdün ist ein noch junger Urlaubsort, denn er wurde erst im Jahr 1890 an einem neuen Fähranleger gegründet. Die anderen Dörfer der Insel sind wesentlich älter. Die Gemeinde Wittdün ist heute ein offizielles Seeheilbad und Sie finden hier ein Thalasso-Zentrum sowie das „Amrum Badeland" mit einem Meerwasserwellenbad und einer großen Saunalandschaft. Das Meerwasser ist mit 30

Grad wohltemperiert und überzeugt auch den größten Bademuffel.

Wittdün hat kaum noch alte Bausubstanz und ist schnell erkundet. In Wittdün finden Sie zahlreiche kleine Geschäfte, viele Restaurants und Cafés. Zu empfehlen ist das „Amrumer Teekontor" in der Inselstraße 13. Das Angebot ist überwältigend und man wird sehr gut und nett beraten. Die Tüten, die man hier herausträgt, sind größer als geplant – immer. Auch die „Inselpraline" liest einem jeden Wunsch von den Augen ab. Hier kann man auch draußen in Strandkörben verweilen. Frisch vom Kutter werden am STEUERHAUS Nr. 1 am Seezeichenhafen in Wittdün Krabben und allerlei Beifang verkauft. Ob geöffnet ist, erkennt man an der gehissten roten Flagge.

Sehr zu empfehlen ist auch der Foto- und Buchladen von Leif Quedens in der Inselstraße 37 mit einem großen und übersichtlichen Angebot. Hier erhält man u. a. eine gut sortierte Lektüre in Sachen Amrum. Eine Zweigniederlassung befindet sich in Norddorf in der Strunwai 22.

Wer in Wittdün Ruhe sucht, macht am besten einen Spaziergang auf der Wandelbahn; einer kilometerlangen Strandpromenade, die einen fantastischen Blick auf die Nordsee, den Kniepsand und die Dünenlandschaft bietet. Besonders empfehlenswert abends zur blauen Stunde, denn dann bietet sich die Möglichkeit für besondere Fotomotive. Knapp einen Kilometer von Wittdün entfernt liegt der Wriakhörnsee.

In Wittdün ist die größte Auswahl an Touristenunterkünften vorhanden. Ab Wittdün-Fähranleger fährt die Inselbahn mehrmals täglich die anderen Dörfer der Insel an.

SÜDDORF

Süddorf, friesisch „Sössaareep", ist ein Teil der Gemeinde Nebel und gilt als ältestes Dorf der Insel. Es liegt nur einen Kilometer von Nebel entfernt an der Wattenseite der Insel. Die Entfernung zum Kniepsand auf der gegenüberliegenden Seite der Insel beträgt 2,2 Kilometer. Süddorf hat mit seinen alten Friesenhäusern noch heute eine anheimelnd-dörfliche Atmosphäre. Der Held von Süddorf ist Hark Olufs, ein Kriegsheld. Als er aus algerischer Sklaverei entlassen wurde, machte er ein Vermögen mit dem Transport schwarzer Sklaven von Guinea nach Dänisch-Westindien. Sein

Geburtshaus existiert bis heute, ist aber längst nicht mehr als solches erkennbar. Es befindet sich in Privatbesitz und wurde leider vollkommen modernisiert. Schräg gegenüber finden Sie das Hark-Olufs-Haus von 1742, das rot bemalte Friesenhaus, in dem der Abenteurer bis an sein Lebensende residierte. Es wurde nicht wesentlich verändert und vermittelt von außen immer noch den Charme vergangener Zeiten. Das Haus wird bis auf den heutigen Tag von seinen Nachfahren bewohnt, die sich von Herzen freuen, wenn sie nicht auf das Thema angesprochen werden. Man kann aber zur Miete einziehen und dem Helden so ein Stückchen näherkommen.

Leuchtturm

In Süddorf befindet sich der Amrumer Leuchtturm, der 1875 in Betrieb genommen wurde. Es ist das eindrucksvollste Gebäude auf der Insel und 42 Meter hoch. Einschließlich Düne bringt er es auf stolze 64 Meter und ist weithin sichtbar. Um zum Eingang zu gelangen, muss man allerdings erst nach links um den Turm herumlaufen. Haben Sie die 172 Stufen im Turm bezwungen, werden Sie mit einem herrlichen Inselrundblick belohnt.

Wenn die Sicht klar ist, kann man über den Kniepsand bis nach Hörnum auf Sylt und an der Wattenseite sogar bis nach Föhr schauen. Das Leuchtfeuer wurde 1936 elektrifiziert, aber schon 1875 in Betrieb genommen; damals noch mit Petroleum. Den rot-weißen Anstrich erhielt der Leuchtturm erst 1952.

Das Wahrzeichen des Ortes ist die kleinere von zwei Windmühlen, die sich noch auf der Insel befinden. Die Windmühle wird heute als Wohnhaus benutzt. Der „Krümwal", ein beachtlicher Erdwall mit bis zu zwei Metern Höhe, der fast 1800 Meter lang ist, ist ein Gegenstand von Spekulationen. Es wird vermutet, dass er als Verteidigungswall gebaut wurde oder vielleicht auch zum Schutz der Felder vor Überflutungen. Der „Krümwal", vermutlich aus der Wikingerzeit, bleibt bis heute geheimnisvoll.

In Süddorf, umgeben von Feldern, Wald und Heide, lassen sich erholsame Ferien verbringen. Die Anzahl der Betten in Süddorf ist eng begrenzt, da es keine Hotels gibt.

STEENODDE

Steenodde, „friesisch Stianood", ist ebenfalls an der Wattenseite der Insel zwischen Süddorf und Wittdün gelegen. Es ist das kleinste Dorf der Insel mit 70 Einwohnern und wurde 1721 gegründet. Zur Walfangära im 18. Jahrhundert war es Amrums bedeutendster Hafen. Das Örtchen gehört ebenfalls zur Gemeinde Nebel. In Steenodde findet man ein Gräberfeld, welches aus der Wikingerzeit stammt, und von dem noch viele niedrige Kuppen zu sehen sind. Das Hünengrab „Dolmen Steenodde" ist dort ebenfalls zu finden. Zum Ende des 19. Jahrhunderts hat man in Steenodde eine Landebrücke errichtet. Der Ort wurde so einer der bedeutendsten Häfen auf der Insel. Bis in die 1980er-Jahre konnte hier auch die Autofähre anlegen. Heute liegen im Hafen Sportboote und ab und zu legen kleinere Handelsschiffe an, die Brennstoffe und Baumaterialien auf die Insel bringen.

In Steenodde können Sie einen wirklich ruhigen Urlaub verbringen. Ferienhäuser- und Wohnungen werden reichlich angeboten.

NEBEL

Nebel, „friesisch Neebel", entstand im 16. Jahrhundert. Es liegt an der östlichen Wattenseite in der Inselmitte. In der Walfangära versuchten viele Seefahrer, sich einander im Hausbau auszustechen, und setzten sich im schönen Dorf Nebel zur Ruhe. So sind die vielen schönen Friesenhäuser mit ihren Reetdächern entstanden. Das traditionell friesische Ortsbild konnte größtenteils bewahrt werden, da es keine größeren Brände gab.

Mühle

Am südlichen Ortseingang befindet sich die alte Mühle aus dem Jahr 1771, die noch bis 1964 in Betrieb war und heute ein kleines Heimatmuseum beherbergt. Es ist die älteste Mühle in Schleswig-Holstein und die Historie stammt zum großen Teil vom Grabstein des ersten Müllers und mündlichen Überlieferungen, die zum Teil erst später zu Papier gebracht wurden. Die denkmalgeschützte Mühle wird vom Verein zur Erhaltung der Amrumer Windmühle e. V. betrieben. Sie finden dort auch Ausstellungen von angesehenen Künstlern. Die Mühle war lange Zeit auch ein Seezeichen für vorüberfahrende Schiffe im Westen der Insel, bevor der Leuchtturm diese Aufgabe übernahm.

Öömrang Hüs

Das historische, denkmalgeschützte Friesenhaus von 1736 befindet sich am Waaswai 1. Zu besichtigen ist dort viel Heimatkundliches, wie etwa Einrichtungsgegenstände, Möbel und Modelle. Das Öömrang Hüs gehört dem Öömrang Ferian, dem Heimat- und Kulturverein auf der Insel Amrum, und wird vom Ehepaar Rümpler betreut. Das Ehepaar besitzt einen staubtrockenen Humor und ein profundes Wissen über die Inselhistorie.

Der einstige Besitzer des Hauses war ein Kapitän, dessen Schiff in der Wohnstube auf einer Fliesenwand zu bewundern ist. In der Küche, Wohnstube und den weiteren Räumen ist die Wohnkultur der damaligen Zeit zu sehen. Die Deckenbalken stammen laut Aussage von Herrn Rümpler von gestrandeten Schiffen. Friesentrachten sind ebenfalls ausgestellt und der schwere Schmuck wird in Vitrinen gezeigt. Die Führungen sind sehr interessant und der Eintritt ist frei. Eine Spende wird jedoch gern gesehen.

Kirche St. Clemens

Die Kirche entstand schon um das Jahr 1200. Im Inneren sind das Taufbecken aus dem 13. und die geschnitzte Apostelreihe aus dem 14. Jahrhundert bemerkenswert. Weiteres Inventar wurde von Seefahrern gestiftet. Der Kirchturm stammt aus dem Jahr 1906 und passt nicht so recht zum Rest der Kirche.

Sprechende Grabsteine auf dem Friedhof von St. Clemens

Als sehr eindrucksvoll erlebt man die 92 sprechenden Grabsteine des Friedhofs, die vom Leben der Seefahrer und ihren Familien erzählen. Schiffsdarstellungen, aufwendige Verzierungen und in Stein gemeißelte kurze Texte verewigen so das Leben der Verstorbenen. Blumen als Sinnbilder der Vergänglichkeit sind oft vertreten, Tulpen stellen männliche Familienmitglieder dar, sternförmige Blumen weibliche. Kreuz, Herz und Anker stehen für die drei christlichen Grundtugenden Glaube, Liebe, Hoffnung. Lebenswege in poetischer Form, für deren Pflege man heute auch eine Patenschaft übernehmen kann. Unter den Steinen liegen jedoch keine armen Schlucker, sondern zu Reichtum gekommene Seefahrer, Walfangkommandeure,

Steuerleute, Harpuniere sowie deren Ehefrauen. Die Idee für das fast einzige Kulturgut stammt jedoch nicht von der prosaischen Insulanergesellschaft, sondern die Idee brachten die Seefahrer aus dem Ausland mit. Das Rohmaterial für die Grabsteine stammt nicht von der Insel, sondern zumeist von der Oberweser, aus Schweden und dem Baltikum. Die Steinmetze waren jedoch Insulaner, die im Lauf der Jahre ihre Fertigkeiten vervollkommnet haben und Werke entstehen ließen, die heute noch einen hohen künstlerischen Standard besitzen.

Der Kirchhof steht allen Besuchern offen und am schönsten ist es, den Gang auf den Inselfriedhof auf den späten Nachmittag zu legen, wenn bei tief stehender Sonne die Inschriften auf den Steinen plastisch hervortreten und der Wind in den Bäumen rauscht.

Heimatlosenfriedhof
Gegenüber der Mühle sind namenlose Tote begraben, die an den Amrumer Strand gespült wurden. Steht man auf diesem Stückchen Erde, wird einem auf bedrückende Art und Weise bewusst, wie viele Menschen auf diese Art und Weise gestorben sind.

Ein Spaziergang durch Nebel erwärmt die Seele. Es tut einfach gut, so viel Schönes für das Auge zu entdecken. Kleine Geschäfte und Galerien lohnen eine Entdeckungsreise.

Zum Nebeler Kniepsand-Strand gelangen Sie über schöne Wege durch Heide, Wald und die Dünen. Der Strand ist 1,7 km vom Dorf Nebel entfernt und der Weg dorthin dauert zu Fuß ca. 20 Minuten.

NORDDORF

Norddorf, friesisch „Noorsaarep", ist das betriebsamste Dorf der Insel. Der Ort brannte wiederholt ab, zuletzt 1925, wobei viel Original-Friesisches verloren ging. Trotzdem konnte in Norddorf der dörfliche Charakter bewahrt werden. Vor allem im zum Watt liegenden Ostteil von Norddorf findet man noch viele ansprechende alte Friesenhäuser. Der Ort ist zu 100 % auf den Tourismus ausgerichtet, was seiner reizvollen Lage zu verdanken ist. Links die Dünen und der Strand, rechts das Watt, oben die Odde, unten die Anbindung an die Zivilisation.

Den Mittelpunkt bietet der Dorfplatz mit dem Seeheim und einer Wiese mit Strandkörben. Regelmäßige Feste finden hier im Sommer statt, wie z. B. die Amrumer Lammtage. Die einzige Fußgängerzone auf Amrum befindet sich ebenfalls in Norddorf. Hier finden Sie Geschäfte für Bekleidung, Schmuck und Souvenirs.

Naturzentrum

Der Naturschutzverein Öömrang Ferian bietet Seewasseraquarien, Umweltspiele, ein großes Vogeldiorama und Schautafeln, die über das Wattenmeer, über Umweltschutz und die Amrumer Natur informieren. Das Informationszentrum befindet sich am Norddorfer Schwimmbad. Der Eintritt ist frei.

Quermarkenfeuer

Bohlenwege auf Amrum führen ins Irgendwo und Nirgendwo. Einer davon führt jedoch am vorgeschichtlichen Dorf und Hünengrab vorbei zum Quermarkenfeuer, einem kleinen Leuchtturm, der unweit von Norddorf pittoresk aus den Dünen ragt. Ein hübscher Ort, um sich auf Bänken auszuruhen, und dem Geschrei der Möwen zuzuhören.

Vogelwarte

Das fast immer von einem Eremiten besetzte Wärterhaus befindet sich auf der Wattenseite der Odde und wird vom Verein Jordsand betreut.

LichtBlick Inselkino

Dorfmittelpunkt im Seeheim in Norddorf mit einer Toptechnik, zwei Sälen und vielen aktuellen Filmen. Hier finden 159 Besucher ihren Platz.

Amrum entdecken

A mrum in Zahlen:
12 Kilometer lang
bis 3 Kilometer breit
29 Quadratkilometer groß (mit Kniepsand)
10 Quadratkilometer feinster Sandstrand
185 ha Wald
74 ha Heide
838 ha Dünen
Rund 2.400 Einwohner
Rund 12.000 Betten für Gäste, auf 5 Dörfer verteilt

Die Königin der Inseln ist nicht nur schön, sondern auch vornehm-zurückhaltend. Sie verabscheut alles Gekünstelte und mehr noch Schmutz und Lärm. Auf Amrum gibt es bis heute keinen Flugplatz. Wenn man den wenigen Dezibel der Autos entgehen will, sucht man den Kniepsand auf, den man von jedem Dorf der Insel schnell erreichen kann. Dieser urige Strand, eine der größten Sandflächen Europas, bietet nur Geräusche, auf die das menschliche Ohr geeicht ist: Windbrausen, Vogelrufe und Brandungsrollen. Der große Reiz der Insel liegt in ihrer Natürlichkeit. Sie merken schon nach wenigen Tagen, wie der Stress von Ihnen abfällt und der Kopf frei wird. Amrum gibt sich in jeder Beziehung traditionsbewusst und große Events sind hier Fehlanzeige. Jede Jahreszeit hat ihre Reize und daher ist die Insel immer gut besucht, denn Amrum „tut gut".

Am sinnvollsten ist es, Sie erkunden Amrum auf Spaziergängen, Wanderungen oder/und mit dem Fahrrad. Wenn Sie Ihr Auto auf die Insel mitnehmen müssen, dann am besten nur als „rollenden Koffer."

Die Gezeiten machen sich an der Wattenseite im Osten der Insel stark bemerkbar. Bei Ebbe kann man bis Föhr laufen, natürlich nur unter fachkundiger Führung. Die Tiden erfährt man über die Veranstaltungsbroschüre „Amrum aktuell". Die

Zeiten gelten nicht bei Sturmfluten. Auf der Kniepsandseite im Westen der Insel macht sich die Tide nicht sehr stark bemerkbar. Allerdings kann bei Wind mit Orkanstärke der ganze Kniepsand überflutet werden und das Wasser steht hoch bis an die Dünen.

Manchmal gibt es Tage von überirdischer Schönheit auf Amrum, an denen die Horizonte aufgrund der extremen Klarheit der Luft eng zusammenrücken. Diese Tage sind ein Eldorado für Fotografen, aber wichtig ist es, die Kamera vor Salzwasser und Sand zu schützen.

DAS WATTENMEER

Das Wattenmeer wurde von den Vereinten Nationen zum Weltnaturerbe der Menschheit erklärt und das Wattenmeer der Nordsee ist das größte der Welt. Das Wattenmeer intensiv erleben können Sie bei einer geführten Wattwanderung mit einem erfahrenen Wattführer. Werden Sie eins mit der Natur und finden Sie Abstand vom Alltag, wenn Sie den ersten Priel durchquert haben.

Auf den Webpages der Wattführer und in der aktuellen Ausgabe von „Amrum aktuell" finden

Sie die Termine für die Wanderungen. Melden Sie sich bei einem der Wattführer telefonisch an. Man trifft sich in der Fußgängerzone in Norddorf am „Strandläufer". Sie starten über die „Norddorfer Marsch", die zum ersten Ziel, dem Bohlenweg an der Odde, führt. Hier beginnt die etwa 2,5 bis 3-stündige Wanderung. Der Wattführer gibt eine kurze Einführung und dann geht es los. Das Wattenmeer ist einzigartig, denn es ist eigentlich unglaublich, dass sich in zwei Handvoll Wattenmeer mehr Lebewesen befinden als Menschen in Europa.

Es ist jetzt Ebbe, aber ganz verschwindet das Wasser nicht, sondern bleibt teilweise in den sogenannten Prielen stehen, Strömungsrinnen im Meer, durch die das Wasser kommt und geht. Zunächst wird ein kleiner Priel durchquert und danach ein großer Priel, das sogenannte „Mittelloch". Der Weg zum Deich in der Nähe von Dunsum auf Föhr sieht so nah aus, aber ist doch sehr weit, weil der Weg über lange Strecken parallel führt, da einer der Priele für eine Überquerung viel zu tief ist. Es gibt viel Interessantes zu entdecken, wie den Wattwurm, Herzmuscheln und die „Pazifische Felsenauster", die den grobmaschigen

Netzen der Aquakultur in List auf Sylt entkommen ist. Zwischendurch wird kurz an einem Schiffswrack Halt gemacht, der „City of Bedfort", die zwischen Föhr und Amrum im Jahr 1825 gestrandet ist. Teile der Bordwand sind hier zu sehen, die bei Ebbe ca. 20 cm aus dem Wasser ragen. Auch im Winter ist eine Wattwanderung möglich. Watthosen gegen die Kälte werden gestellt.

Haben Sie wieder Land unter den Füßen, geht es mit dem Bus nach Wyk auf Föhr und von dort aus mit der Fähre wieder nach Wittdün. Wattwanderungen werden natürlich auch in umgekehrter Reihenfolge angeboten. Von Wittdün geht es als Erstes mit der Fähre nach Wyk auf Föhr, danach wandert man vom Deich in der Nähe von Dunsum zurück nach Amrum.

Tipp für eine Wanderung am Watt entlang: Am frühen Morgen am Watt bei Nebel ist die Stimmung besonders schön. Ein Weg führt dort direkt nach Norddorf.

An der Wattenseite finden Sie die Salzwiesen, die das Landschaftsbild vervollständigen. Salzwiesen sind unregelmäßig überflutete Bereiche, die einen

natürlichen Übergang und eine Grenze zwischen
Land und Meer bilden. Nur der Queller und das
Schlickgras sind in der Lage, die täglichen Überflutungen durch die aufkommende Flut zu ertra-
gen. Oberhalb der Flutlinie finden Sie u. a. den lila
blühenden Strandflieder, der aber kein echter Flieder ist. Diese Pflanze steht unter Naturschutz, weil
sie früher zum Binden von Trockensträußen benutzt wurde, und hat mit dem echten Flieder nur
die Blütenfarbe gemein. Alle Pflanzen in den Salzwiesen überleben, weil sie in der Lage sind, über
komplizierte Drüsen das aufgenommene Salzwasser wieder auszuscheiden.

DIE DÜNEN

Die bis zu 32 Meter hohen Dünen machen Amrums ganz speziellen Charme aus. Die Dünen sind
entstanden, weil sich immer mehr und mehr Sand
aus der Nordsee auf der Insel anzuhäufen begann.
Es gibt dreierlei Arten von Dünen auf Amrum. Die
Weißdünen, die größtenteils aus hellem Sand be-
stehen und vielfach mit (gepflanztem) Strandhafer
bestanden sind, um den Sand am Davonfliegen zu
hindern; zum Zweiten die Graudünen, die

unterschiedliche Vegetationen aufweisen, der meistens eine dünne Humusschicht unterliegt, die für den grauen Schimmer sorgt. Häufig sind die Graudünen mit Silbergras und Strandsegge bewachsen, durch die sich der Farbeffekt verstärkt.

Der Übergang zu den Braundünen ist fließend. Ein dichter Gras- und Moosbewuchs mit einem hohen Humusanteil hat hier die Ansiedlung von Zwergsträuchern ermöglicht, weshalb die daraus resultierenden Heideflächen vom Aussehen und Geruch her stark der mediterranen Macchia ähneln. In diesem Bereich gedeihen vor allem die Besenheide und die Krähenbeere mit ihren schwarzen Murmeln. Krähenbeeren sind durchaus essbar, aber sie schmecken nicht besonders gut. Wenn Sie bei Ihrem Marsch durch die Dünen auf ein Nest oder einen Jungvogel stoßen, halten Sie bitte Abstand.

Aussichtsdüne bei Norddorf

Die Setzerdüne bei Norddorf ist 32 Meter hoch und vom Süden Norddorfs, kurz vor der Abzweigung des Radweges Richtung Vogelkoje, über einen Bohlenweg erreichbar. Weiter geht es durch die Dünen zum Kniepsand, sodass es natürlich auch möglich ist, die Setzerdüne vom Kniepsand aus zu erreichen. Wenn man sich auf der Setzderdüne befindet, kann man aufgrund der Höhe der Düne über den Wald im Osten der Insel Amrum bis zur Insel Föhr hinüberschauen.

Aussichtsdünen bei Nebel
Auch am Bohlenweg bei Nebel liegen zwei Aussichtsplattformen. Der Beginn des Bohlenweges liegt am Waldrand und von dort aus erreichen Sie eine Aussichtsplattform mit Rundumblick auf die Dünen und die Heide bis zum Kniepsand und das Meer. Auf die zweite Plattform gelangt man am Ende des Bohlenweges am Dünenrand. Herunter zum Kniepsand gelangt man über eine Holzbrücke.

Aussichtsdüne bei Wittdün
Tolle Sonnenaufgänge und natürlich auch Sonnenuntergänge lassen sich in der Nähe Wittdüns von einer Aussichtsdüne beobachten. Im Monat August, bei klarem Wetter, ist der Sonnenuntergang neben dem Leuchtturm zu sehen; ein tolles Fotomotiv. Von der Plattform aus können Sie besonders gut den breiten Kniepsand zwischen Wittdün und Süddorf beobachten. Über einem

Wäldchen ist der Dünensee „Wriakhörnsee" zwischen den Dünentälern zu sehen. Die Aussichtsdüne ist von zwei Seiten erreichbar, einmal von der Straße aus, die Wittdün und Süddorf verbindet, etwa 100 Meter vor dem Amrumer Badeland. Die zweite Möglichkeit haben Sie, von Wittdün kommend, über die Bohlenwege mit einem Abzweig am Dünensee „Wriakhörnsee."

Aussichtsdüne bei Süddorf

Die Plattform der Aussichtsdüne bei Süddorf ist über zwei steile Holztreppen erreichbar. Ein Abzweig führt zum Strand bei Süddorf. Zugang Nummer zwei startet am Waldrand Richtung Süddorf auf dem Weg zum Leuchtturm. Wer die Plattform bezwungen hat, wird mit einem Weitblick bis zum Leuchtturm und dem Kniepsand belohnt. Von hier aus kann man bei klarem Wetter abends auch den Aufgang des Mondes verfolgen.

Ein Durchstreifen der Dünen ist über die vielerorts angelegten Bohlenwege sehr gut machbar, die zum Schutz der Dünen und der sich darin befindenden Vogelwelt nicht verlassen werden dürfen. Die Bohlenwege sind befestigte Holzkonstruktionen, die den Wanderer auf Amrum durch die Heide und die Dünen zum Strand führen. Die Bohlenwege ermöglichen den Weg zu attraktiven Zielen und vermitteln einzigartige Aussichten auf immer wechselnde Landschaftsbilder.

DIE VOGELKOJE „MEERAM", EINE HISTORISCHE ENTENFANGANLAGE AUF AMRUM

Die Vogelkoje wurde im Jahr 1866 angelegt und liegt mitten zwischen Nebel und Norddorf in einem kleinen Wäldchen aus Erlen, Birken und vereinzelten Pappeln und ist über einen ausgeschilderten Verbindungsweg zu Fuß oder mit dem Fahrrad erreichbar, aber frei zugänglich. Eine Vogelkoje nannte man früher einen Teich zum Fangen von Wildvögeln. Bis zur Stilllegung im Jahr 1936 wurden hier etwa 420.000 Enten gefangen und geringelt. Das Verfahren funktionierte folgendermaßen: Da die Vogelkoje mit Bäumen umrandet ist, verleitet sie die Enten, sich auf dem künstlich angelegten Teich niederzulassen. Dazu wurden im Teich selbst gezähmte Enten gehalten, die als Lockmittel für die Wildenten dienten. Auf einer Übersichtstafel im Eingangsbereich der

Vogelkoje ist nachvollziehbar, wie clever das System war, um die Wildenten zu verleiten, in die „Fangpfeifen" zu fliegen.

In Dorf Nebel wurden die so gefangenen Enten ab 1896 in einer Konservenfabrik verarbeitet. Die Wildenten wurden in Konservendosen eingemacht und in Hotels an Touristen verkauft oder in die Welt versandt. Als Anfang der 1930er-Jahre der Fang drastisch zurückging, wurde der Betrieb eingestellt. Als Auslöser wird das Zurückgehen der Seegraswiesen bei Föhr und Sylt vermutet. Nach dem 2. Weltkrieg diente die Vogelkoje dem Naturschutz und wurde gleichzeitig zur Touristenattraktion. In Volieren und Gattern leben hier heute viele Tierarten. Es sind hier auch Sitzbänke, ein schöner Kinderspielplatz und ein Gehege für Damwild vorhanden.

Der Kiosk im alten Vogelwärterhäuschen ist tagsüber geöffnet. Der sogenannte „Kojenmann" war für die Vogelkoje verantwortlich. Im Vogelwärterhäuschen ist eine Ausstellung über das Leben und die vielfältigen Aufgaben, die der Kojenmann hatte, zu sehen. Ein Bohlenweg führt nördlich der Vogelkoje durch den breiten Dünengürtel Richtung Quermarkenfeuer. Diesen Spaziergang sollten Sie sich nicht entgehen lassen, denn nur hier ist die Dünenlandschaft so einsam und wild. Vom Quermarkenfeuer haben Sie einen unglaublichen Blick über den breiten Kniepsand und die vorgelagerten Dünen. Hier finden Sie auch mehrere, aus vielerlei Strandgut und Treibholz konstruierte, abenteuerlich anmutende Hütten.

Wer noch mehr über die Vogelkoje wissen möchte: Im Norddorf im Naturzentrum findet sich ein Buch von Martin Reinheimer dazu: „Der Kojenmann: Mensch und Natur im Wattenmeer 1860–1900."

Nördlich der Vogelkoje finden Sie ein archäologisches Areal, welches ebenfalls zum Naturerlebnisraum Vogelkoje Meeram gehört. Hier wurden Siedlungsspuren aus der Eisenzeit gefunden. Im Jahr 2014 wurde ein Haus aus der Eisenzeit im Maßstab 1:1 originalgetreu aufgebaut. Die Rekonstruktion konnte anhand von Pfostenlöchern nachgebildet werden. Grundrisse wurden insgesamt von fünf Häusern gefunden. Alle waren unterschiedlich lang und man vermutet, dass die Zahl der Bewohner die Hauslänge bestimmt hat.

DER WRIAKHÖRNSEE

Der Wriakhörnsee ist ein Dünensee westlich von Wittdün, der entstanden ist, weil durch einen Dünenwall ein ehemaliger Strandabschnitt mit einer weitreichenden Wasserzone eingeschlossen wurde. Schilder an einem Naturlehrpfad geben Auskunft über die Tier- und Pflanzenwelt. Sie finden hier Wasservögel, Blesshühner und brütende Enten.

Nach jeder Biegung des Bohlenweges, der nur an einer Seite des Sees entlangführt, bieten sich Ihnen neue überraschende Ausblicke. Von Aussichtsplattformen aus kann man die Vogelwelt beobachten. Da der See keine natürliche Entwässerung mehr hat, kommt es nach starken Niederschlägen immer wieder zu Überschwemmungen der Bohlenwege. Sie gelangen von Wittdün aus über die Wandelbahn, den Wegweisern folgend, zum Wriakhörnsee. Damit Sie einen Anhaltspunkt wegen der Entfernung haben: Der asphaltierte Weg geht in einen Bohlenweg über und das Ende des Sees ist ca. 3 km von Wittdün entfernt.

DER KNIEPSAND

Was macht ihn so besonders? Durch den Kniepsand, der bis zu 1,5 Kilometer breit und ca. 14 Kilometer lang ist, wird Amrum mit der weißen Borte zur Königin der Insel und ist vielfach daran schuld, dass Besucher, die die Insel besucht haben, immer wieder zurückkehren. Die Sedimente des Kniepsandes werden vorwiegend aus westlicher und südwestlicher Richtung angeschwemmt. Diese Sandbank ist geologisch eigenständig und bewegt sich langsam in Richtung Norddorf zur Odde hin. Es hat jedoch den Anschein, dass der Kniepsand eine Einheit mit der Insel bildet, aber das war noch bis zur Mitte der 1960er-Jahre nicht der Fall, denn Amrum war bis dahin durch einen Priel vom Kniepsand getrennt.

Der Kniepsand besteht aus feinster Materie und Strandbesucher können sich in dieser riesengroßen Sandkiste austoben, sei es bei einer Strandwanderung, beim Muschelsuchen am Flutsaum, beim Bau von Strandburgen oder Beobachten von Strandhafer im Wind und der Formation des Sandes.

Der Kniepsand ist die Lebensversicherung der Insel, denn die unmittelbar dahinter liegenden Dünen erhalten ständig Nachschub durch den dorthin wehenden Sand. So ist Amrum gut gerüstet gegen Sturmfluten. Der außergewöhnliche Strand befindet sich 1 Meter über Normalnull, was zur Folge hat, dass er bei gewohntem Hochwasser nicht überflutet ist. Die vor dem Kniepsand liegenden Sandbänke veranlassen das Meer dazu, dass sich schon draußen die Wellen brechen, und dies erfreut einige Badegäste sicherlich nicht, die sich gern bei tosender Brandung im Wasser tummeln.

Jedoch trägt dieses viel zur Sicherheit bei. Was jedoch an den Strand rollt, kann auch einen geübten Schwimmer sehr in Bedrängnis bringen, weil das stark mit Luftblasen durchzogene Wasser der Brandung nicht so tragfähig ist wie normales Meerwasser. Der flache Kniepsand an der Seeseite von Wittdün bietet auch kleinen Kindern fast gefahrloses Baden. Selbst bei Windstärke 6 macht ein Spaziergang auf dem Kniepsand Spaß. Atmen Sie die gesunde Luft und hören Sie auf das Brausen des Windes. Sie fühlen sich allein auf der Welt und können hier sehr gut vom Alltag abschalten. Genießen Sie die Natur, hier haben Sie sie pur.

Auch Regen gehört dazu. Man braucht nur zweckmäßige Kleidung mit Fleecefutter, die durch wasserabweisende Eigenschaften glänzt sowie winddicht ist. Ein dauerhaft grauer Himmel ist jedoch recht selten. Wenn sich Ihr Körper irgendwann nach Ruhe und Wärme sehnt, freuen Sie sich auf einen Besuch in einem der zahlreichen Cafés. Also, erst die Natur und dann der Genuss.

DIE ODDE

Die Odde liegt nordöstlich von Norddorf und bildet die Spitze von Norddorf. Die Odde ist ausschließlich mit dem Fahrrad oder zu Fuß erreichbar.

Die Umrundung der Odde von der Wattenseite aus: Man gelangt an der Wattenseite durch die Marsch oder am Teerdeich entlang bis zum Abstellplatz für die Fahrräder. Von dort aus gelangt man über einen kleinen Bohlenweg zum Anfang des abgegrenzten Naturschutzgebietes. Erst 1936 wurde in einem Dünental das Vogelwärterhäuschen gebaut und das Gebiet als Naturschutzgebiet ausgewiesen. Zurück geht es am Strand entlang über den Norddorfer Strandübergang durch die Dünen zurück zum Abstellplatz für die Fahrräder. Der ca. 4 Kilometer lange Weg führt um viele Dünenkämme herum, die dort teilweise bis zu 40 Meter hoch sind.

Ein großer Teil der Odde, ca. 150 ha, sind als Naturschutzgebiet ausgewiesen. Die Odde dient als Nistplatz für zahlreiche Seevogelarten. Zur Brutzeit darf sie daher ausschließlich an der Küstenlinie umwandert werden. Wenn die Vögel brüten, kann eine Führung durch die Vogelschutzwarte sehr interessant sein. Führungen werden regelmäßig angeboten und wenn man Glück hat, kann man im Winter auch junge Kegelrobben beobachten.

Der Vogelwärter hat viel Interessantes aus dem Naturschutzgebiet zu berichten. Das Vogelwärterhaus befindet sich auf der Ostseite der Odde am Watt, 10 Minuten entfernt vom Abstellplatz für die Fahrräder. Führungen werden angeboten, starten am Vogelwärterhaus und dauern ca. 90 Minuten. Sie finden in den Monaten Mai bis Oktober statt. Am besten bringen Sie Ihr eigenes Fernglas mit.

Rundumblick an der Odde nach Sylt und nach Föhr

Der kiesbedeckte Sandstreifen, der zur Odde gehört, stellt die eigentliche Nordspitze von Amrum dar. Rund 700 Heringsmöwenpaare, Eiderenten, Silbermöwen sowie Mittelsäger brüten hier. Zwergseeschwalben brüten auf der Kiesspitze. Die Odde hat eine große Bedeutung als Rastplatz und Überwinterungsgebiet für Vögel. Die Ostküste von Föhr mit dem Strand von Utersum und der Leuchtturm von Hörnum auf Sylt sind von der Nordspitze aus gut erkennbar.

Ein wenig
zur Geschichte

Man kann sich heute gar nicht mehr vorstellen, dass die Inseln Amrum und Föhr nur durch schmale Wasserläufe voneinander getrennt waren. Die Insel Amrum wurde erstmals 1231 urkundlich im Erdbuch des dänischen Königs Waldemar II. erwähnt, denn im Erdbuch wurden seine Einkünfte erwähnt. Von Beginn des 13. Jahrhunderts bis 1864 gehörte Amrum mit einigen Unterbrechungen zum dänischen Reich. 1236 wurde mit dem Bau der St. Clemens Kirche in Nebel begonnen. Der Name Amrum lässt sich – eine vor vier Theorien – auf „Am Rem" zurückführen. Dies bedeutet so viel wie ‚sandiger Rand' und weist auf den Dünengürtel und den breiten Strand hin. Bis in die 1930er-Jahre war der dicht heranrückende Kniepsandstreifen lediglich im Süden mit der Insel verbunden. Zwischen Inselküste und Sandbank lag in der Wasserrinne der Kniephafen, der Küstenschiffen die Möglichkeit bot, dort vor Anker zu gehen. Dort hatten auch die Austernfischer und die Seenotrettungsgesellschaft ihre Station. Der Hafen musste aufgrund der Versandung geschlossen werden.

Noch bis Mitte des 20. Jahrhunderts dominierte dunkelgrüne, melancholische Heide die Landschaft, bis Amrum mit der Aufforstung in den 1950er-Jahren ein neues Landschaftsgesicht erhielt. Bereits im 17. Jahrhundert wurde vom Inselpfarrer versucht, auf Amrum Bäume anzupflanzen, aber wegen der salzigen Nordwinde verdorrten diese bald wieder. Im Jahr 1866 ist es gelungen, an der Vogelkoje den ersten Wald anzupflanzen und ab 1887 wurde das Areal zwischen Düne und Heide mit Kiefern aufgeforstet. Durch den Windschutz der Kiefern gedeihen hier heute sogar Birken und Buchen. Von 1952 bis 1962 fand die

Aufforstung durch private und kommunale Initia-
tiven statt, sodass mittlerweile ein zusammenhän-
gendes Waldgebiet zwischen dem Leuchtturm
und Nebel entstanden ist. Der Baumbestand weist
mittlerweile auch Zuzügler wie Roteiche, Ge-
meine Eibe, Küstentanne, Sitka-Fichte, Murray-
Kiefer und die Küstentanne auf, die streng genommen, nicht so ganz in die Landschaft passen. Die
zunächst durch die Aufforstung verschwundene
Heide dehnte sich aber auf brachliegenden Feldern rasch wieder aus.

Weiter ostwärts schließt sich die Acker-
bauzone an. Hier liegen die alten Inseldörfer Nebel, Süddorf, Steenodde und Norddorf, die von
Weiden für Pferde, Kühe und Schafe umgeben
sind. Die fruchtbare Marsch ist ein schmaler Küs-
tenstreifen an der Ostseite der Insel, die durch
Deiche gesichert ist. Die Landwirtschaft hatte für
Amrum keine weitreichende Bedeutung, da der
Flugsand ständig über die Äcker wehte und diese
versandete, denn die Inselbewohner schnitten
trotz Verordnungen weiter ihren Strandhafer,
weil dieser benötigt wurde, um „Reepen" herzu-
stellen, Seile für das Binden von Reet für die Reet-
dächer. Auch das Jungvieh und die Ziegen

41

weideten in den Dünen. Erst gegen Ende des 18. Jahrhunderts wurde die planmäßige Bepflanzung der Dünen durchgesetzt.

VON SEEFAHRERN UND ABENTEURERN

Die Amrumer waren auf einer Insel, auf der sich nicht viel holen ließ, schon früh darauf angewiesen, als Seefahrer ihr Brot zu verdienen. Der Reichtum brach aus, als Mitte des 17. Jahrhunderts das goldene Zeitalter des Walfangs begann. Ganze Amrumer Familienclans gingen für die Holländer auf „Grönlandfahrt", was aber nicht ganz richtig war, denn die Fanggründe lagen bei Spitzbergen. Die Holländer zahlten nur einen bescheidenen Lohn für die gefährliche Arbeit, jedoch gelang es den Amrumern bald selbst, zu Kommandeuren emporzusteigen und zu einem stattlichen Verdienst zu kommen.

Die schönen Friesenhäuser in Nebel sind in dieser Zeit entstanden. Viel mehr Männer gingen jedoch in Stürmen unter, wurden vom Wal erschlagen oder blieben im Eis, wo sie jämmerlich erfroren. Einige Amrumer gelangten zu

Wohlstand und bei anderen zog das Elend ein. Bei einer Heimkehr vom Walfang im Jahr 1744 kamen gleich 64 Insulaner kurz vor Amrum in einem Herbststurm um, damals eine Tragödie unermesslichen Ausmaßes. Die Hinterbliebenen gerieten in große Not, da es ja damals noch keine sozialen Absicherungssysteme gab. Amrum wurde eine Insel der Witwen und Waisen. Als die Walfanggründe um das Jahr 1770 leergefischt waren, wurden überall wieder kleine Brötchen gebacken.

Zahlreiche Insulaner genossen bei allen Schifffahrtsunternehmen auf der Welt einen hervorragenden Ruf und konnten selbst bei exotischen Reedereien anheuern. Die Verlustrate unter den Seeleuten war jedoch sehr hoch und mit kriegsähnlichen Zuständen vergleichbar. In alten Kirchenbüchern und anderen Aufzeichnungen ist immer wieder zu lesen, wie die Seemänner ums Leben kamen. Viele Seeleute starben am gelben Fieber und die wenigsten konnten schwimmen.

DER STRANDVOGT UND DIE INSULANER

Die Schifffahrtsroute vom Ärmelkanal führte an Amrum vorbei nach Skandinavien und so manches Schiff lief bei Stürmen aus westlicher Richtung auf den Sandbänken und in den Untiefen vor der Insel auf Grund. Gestrandete Schiffe zu bergen und wieder seetüchtig zu machen, war sehr lukrativ, jedoch war dafür der Strandvogt verantwortlich, der vom Strandamt eingesetzt wurde, um erste Maßnahmen für die Rettung von Menschenleben und zur Bergung des Schiffes einzuleiten. Er durfte sogar Polizeigewalt ausüben und erforderliche Gerätschaften und Fahrzeuge wurden von ihm angefordert.

Seine Pflicht war es, Vorgesetzte im Amt und Zollbeamte über die Umstände der Rettung zu informieren. Bis zum Eintreffen dieser Personen hatte er die alleinige Verantwortung. Für die Strandvögte, die in Armut lebten, waren die Strandfunde eine Einnahmequelle, die vor dem Gesetz als Notrecht verstanden wurde und somit erlaubt war. Streitereien zwischen den Insulanern und dem Strandvogt waren leider an der

Tagesordnung, da die Insulaner Seeräuberei betrieben und das Wirken des Strandvogtes zu umgehen versuchten. Der Strandvogt hatte dafür zu sorgen, dass das Strandgut ordnungsgemäß gesammelt und an die Schiffseigner, den Staat und die Berger des Strandgutes ordnungsgemäß verteilt wurde. Selbst harte Strafen ließen die Insulaner nicht von ihrem Tun abweichen und so wurde so manches Schiff am Strandvogt vorbei geplündert. Auf diese Art und Weise verdiente der Amrumer Kapitän Volkert Martin Quedens sein Vermögen und es war ihm so möglich, später Wittdün zu gründen.

Durch die Gründung der Deutschen Gesellschaft zur Rettung Schiffbrüchiger im Mai 1865 wurden diese Aktivitäten weiter intensiviert. Der Amrumer Station, die wegen der häufigen Strandungen mehr als andere zu tun hatte, verdanken Hunderte von Seeleuten ihr Leben. Das Strandvogtsystem wurde erst 1990 abgeschafft, nach 700 Jahren! Bei lukrativen Einsätzen wurden bis zu 40.000,00 Mark bewegt. Zum Vergleich: Ein Haus auf Amrum kostete damals 1.500,00 Mark.

FREMDENVERKEHR

Die ersten Grundstücke wurden 1888 auf dem Grund von Wittdün verkauft und innerhalb weniger Jahre entstand dort ein feudaler Badeort. Die Insulaner begannen im Lauf der Jahrzehnte, selbst Fremdenbetten anzubieten und Gäste in Pension aufzunehmen. In den 1950er-Jahren war es noch ganz normal, dass die Gastgeber sich mit Kind und Kegel in die Scheunen und Ställe verzogen, um Platz für die Badegäste zu schaffen. Aber so ist es Insulanern gelungen, erstmals vom Ertrag ihrer Insel zu leben und die Landwirtschaft zum größten Teil aufzugeben.

WIE KAMEN DIE WILDKANINCHEN AUF DIE INSEL?

Wildkaninchen sind hier sicherlich nicht heimisch gewesen und es wird vermutet, dass der dänische König die Tiere aussetzen ließ, um sie zum Zeitvertreib jagen zu können. Die Tiere sind sehr zahlreich auf der Insel vertreten und sehr zutraulich. Sie hoppeln durch die Dünen und die Vorgärten und sind so zahlreich vertreten, da sie auf der Insel nur das Auto als größten Feind haben. Nur die ganz kleinen Kaninchen können von den wenigen, im Inselwald brütenden Mäusebussarden erbeutet werden.

Kulinarik im Blickpunkt

GETRÄNKESPEZIALITÄTEN AUF AMRUM

„Tote Tante" ist ein Getränk auf Kakaobasis mit einem Schuss Rum und als Krönung einem Sahnehäubchen, welches man als Sahnehaube bezeichnen wird, denn auf Amrum wird mit Sahne nicht gekleckert.

Der „Pharisäer" besteht aus Kaffee mit einem Schuss Rum und der obligatorischen Sahnehaube.

Der „Öömrang Gin", gewürzt mit Nordseesalz, Tonkabohne, Amrumer Rose, Wacholder und Kardamom, der von zwei Amrumern in einem langen und kalten Inselwinter ausbaldowert wurde.

Und last but not least das Wasser: Das „Wasser", welches auf Amrum aus dem Hahn kommt, wird mit fünf Brunnen aus einer Süßwasserlinse geholt. Diese Linse besteht aus einer Schicht aus Sand und Kies, die das Süßwasser speichert. Diese Schicht ist 40 Meter dick und 12 Meter tief und wird gespeist aus zu feinst gefiltertem Regenwasser.

Nach einem ausgedehnten Tag in der schönen und vielfältigen Natur Amrums haben Sie natürlich Hunger und Durst. Wenn Sie essen gehen möchten, ist generell zu sagen, dass eine Reservierung vonnöten ist; besonders in der Hauptsaison. Nachstehend finden Sie alle Cafés und Restaurants in einem kurzen Überblick. Worauf haben Sie Lust? Die Auswahl ist unendlich groß und allein beim Probieren der Spezialitäten könnten Sie wochenlang auf der Insel verweilen.

WO ISST MAN IN NEBEL?

Im Restaurant des Hotels Friedrich
Restaurant mit friesischem Ambiente mitten im Herzen von Amrum gelegen. Hier kommen auch Weinliebhaber voll auf ihre Kosten. Kleine und große Portionen werden vielfach angeboten.

Spezialitäten sind: Lamm, Labskaus und Lachs

Klar Kimming
Im alten Kapitänshaus bietet die urige Weinkajüte eine große Auswahl an guten Weinen (auch außer Haus), die zu belegten Flammkuchen und leckeren Tapas serviert werden. Auf der Außenterrasse befindet sich eine Spielecke für Kinder. Innen knistert im Winter ein gemütliches Kaminfeuer.

Spezialität des Hauses: Flammkuchen Pikante

Preesters Hüs
Sie sitzen hier wie in einem friesischen Wohnzimmer. Selbst die Häkeldeckchen auf dem Tisch fehlen nicht. Fischspezialitäten wie Babysteinbutt, Scholle, Pannfisch und Muscheln (von September bis März) in verschiedenen Variationen finden Sie auf der Karte.

Spezialität des Hauses: Labskaus mit allem „Drum und Dran"

Seekiste
Hervorragend speisen in friesischer Atmosphäre; das ist hier die Devise. Krabbenbrot mit Messer und Gabel und nicht am Kutter.

Spezialitäten des Hauses: Nordseekrabben und der Eiergrog

Strandpirat
Halten Sie sich am Strand von Nebel auf, haben Sie es nicht weit zum Strandpirat. Verschönern Sie sich den Strandtag mit Flammkuchen, Fleisch- und Fischgerichten oder mit der obligatorischen Currywurst. Auch Seniorenteller sind möglich. Haben Sie noch Platz im Bauch, bietet der Strandpirat auch Kuchen, Waffeln und Eis an.

Spezialität des Hauses: Kapitänsteller für den großen Hunger mit allerlei Fleisch

Café Clausen
Modernisiertes Café mit einem großen Angebot an selbst gebackenen Kuchen und Torten in guter Qualität, die man bei schönem Wetter auch im Kaffeegarten genießen kann. Brot und Brötchen

können Sie schon früh morgens ab 7:00 Uhr für Ihr Frühstück hier besorgen.

Spezialität des Hauses: Linzer Apfelschnitte

Friesen Café

Seit 1950 werden hier täglich Kuchen und Torten in der hauseigenen Konditorei gebacken. Selbst hergestellte Suppen werden auch angeboten. Im schönen Hortensiengarten kann man alle Köstlichkeiten draußen genießen oder auch im Strandkorb vor dem Café.

Spezialität des Hauses: Friesische Kirschtorte

Torhaus

Auf der angenehm klein gehaltenen Speisekarte findet man ein gehobenes Speiseangebot mit regionalen Produkten. Auch vegetarische Gerichte befinden sich auf der Karte. Im Sommer ist das Speisen auch im Außenbereich möglich. Eine gute Weinauswahl ergänzt das Angebot in einem tollen Ambiente mit Wohlfühlcharakter.

Spezialität des Hauses: Büffelburger

Dörnsk an Köögem

Übersetzt bedeutet dies „Stube und Küche" und so fühlt man sich hier. In urgemütlicher Atmosphäre kann man Tee, Kaffee und kleine Gerichte bei nostalgischer Musik genießen. Oft singt die Wirtin auch selbst. Die Teeauswahl ist groß und es duftet nach frisch gebackenen Waffeln. Der Tee wird stilvoll mit Tea-Timer serviert. Im Café sind viele Accessoires dekoriert, die man auch kaufen kann. Charme und Persönlichkeit haben ihren Preis, denn einen Platz zu finden, ist hier schwer.

Spezialität des Hauses: „dicke" Friesenwaffeln mit Schmand und Pflaumenmus

Hat man nicht viel Zeit, um essen zu gehen, oder Hunger außerhalb der Restaurantzeiten, geht man zum:

Fisch & Meer Fischimbiss
Man kann diesen Imbiss nicht verfehlen, denn lange Schlangen vor der Tür kündigen ihn bereits an. Die Fischbrötchen werden frisch zubereitet mit köstlichen warmen Baguette-Brötchen. Seinen Imbiss kann man dann im Garten nebenan mit einem Getränk in Strandkörben genießen. Auch frischen Fisch und Salate kann man im dazugehörigen Fischladen kaufen.

WO ISST MAN IN SÜDDORF?

Strandhäuschen
Das Strandhäuschen befindet sich am Strandaufgang des Süddorfer Kniepsandes in einer traumhaften Lage und ist nur von einem Parkplatz aus über einen Bohlenweg erreichbar. Das Angebot von Speisen und Getränken ist sehr vielfältig und reicht von Currywurst mit selbst gemachter Currysoße über leckeren Pannfisch bis zum Rumpsteak. Auch ist meistens eine kleine Kuchenauswahl vorhanden.

Spezialität des Hauses: Riesengarnelen in Knoblauch

WO ISST MAN IN NORDDORF?

Die Muschelsucher
Das kinderfreundliche Restaurant in der Fußgängerzone bietet alles, was das Herz begehrt. Köstliche Fischgerichte und Steaks vom Lavagrill stehen auf der Karte. Auch Vegetarier kommen nicht zu kurz. Fischbrötchen, Softeis, Kuchen und hausgemachte Waffeln werden ebenfalls angeboten. Von

der Terrasse aus hat man einen schönen Blick auf die Fußgängerzone und das rege Treiben dort.

Spezialität des Hauses: „Rumpsteak Feigensenf"

Neptun

Der Name verrät es bereits: Hier gibt es alles, was das Meer hergibt. Friesische Hausmannskost wird in diesem traditionellen Norddorfer Restaurant angeboten. Das große Salatbüfett lässt die Herzen von Vegetariern hochschlagen. Fleischgerichte werden selbstverständlich auch angeboten.

Spezialität des Hauses: Dorschbäcken

Oomes Hüs

Familiär geführtes Restaurant mit traumhaftem Garten in Südlage. Auf der Speisekarte findet man Gerichte passend zu jeder Saison, Klassiker und Geheimtipps. Das Angebot wird von einer kleinen, aber feinen Weinkarte abgerundet. Flens vom Fass steht auch auf dem Programm.

Spezialität des Hauses: Rumpsteak „Oma Klara"

Seeblick

Möchten Sie in modern-maritimem Ambiente mit abwechslungsreicher und kreativer Küche speisen? Dann sind Sie hier bestens aufgehoben. Die Fisch- und Lammspezialitäten sind besonders zu empfehlen, aber auch Veganer und Vegetarier kommen voll auf ihre Kosten.

Spezialität des Hauses: Amrumer Lammcurry

Strand 33

Wie der Name schon sagt, liegt das Restaurant direkt am Strand mit einem atemberaubenden Blick auf das Meer. Die regionale Küche ist von der internationalen Küche stark beeinflusst. Auch Tapas werden angeboten. Südafrikanische Weine und eine große Ginkarte runden das Angebot ab.

Spezialität des Hauses: Strandnudeln mit Lachs und Nordseekrabben

Ual Öömrang Wiartshüs

Die Liebe zum Detail in den Räumlichkeiten findet auch auf dem Teller statt. Der Küchenchef zaubert aus Fisch und Fleisch tolle Gerichte, aber auch Vegetarier werden auf der Karte fündig.

Spezialität des Hauses: Kabeljau, Fenchel und Kartoffel-Selleriestampf

Das kleine Hüttmann

In freundlicher Lounge-Atmosphäre genießen Sie wechselnde Gerichte und auch Kuchen. Von Mai bis September hat zusätzlich der Pavillon geöffnet. Hier können Sie leckere Fischbrötchen in Strandkörben und Liegestühlen genießen.

Spezialität des Hauses: Hüttmanns Fischtopf und Wildragout

Café Schult
Das Café ist Kult. Allein der Blick auf die Theken lässt einem das Wasser im Mund zusammenlaufen. Legendär ist die Friesentorte, die einfach zu einem Urlaub auf Amrum dazugehört. Haben Sie einen Platz auf der Terrasse oder in den klassisch gehaltenen Innenräumen gefunden, können Sie den Blick auf das Wattenmeer oder das dörfliche Treiben genießen.

WohnZimmer
Das WohnZimmer ist Kneipe und Bar in einem. Kulinarische Köstlichkeiten wechseln täglich und so können Sushi, Burger und Currywurst in verschiedenen Variationen angeboten werden. Es gibt eine große Leinwand in den Räumlichkeiten, auf der Sportveranstaltungen live in HD-Qualität übertragen werden.

Spezialität des Hauses: Vegetarisches Sushi

Große Fahrt

Das Restaurant ist gleichzeitig auch Bistro & Imbiss. Die Küche und der nette Service sind erfrischend anders. Zur Begleitung zum Essen steht eine große Auswahl an Weinen mit ausnehmend guter Beratung für Sie bereit. Den Wein und verschiedene Spezialitäten gibt es auch zum Mitnehmen, wenn Sie zu Hause dinieren möchten.

Spezialität des Hauses: Matjes-Teller „Große Fahrt"

Fischbäcker mit Fischladen

Durch den dazugehörigen Fischladen ist der Fisch immer superfrisch. Wie es der Name schon sagt, liegt der Schwerpunkt der Karte auf Fisch.

Spezialität des Hauses: Schollenfilet Fischbäcker

De Strunluuker

Das Restaurant liegt am Strandübergang mit fantastischem Ausblick auf Sylt und Föhr. Die Küche ist kreativ und traditionelle Gerichte werden vom Koch neu interpretiert.

Spezialität des Hauses: Strunluuker Leuchtturm

WO ISST MAN IN WITTDÜN?

Keksdose

Gleichzeitig Restaurant und Café – hier können Sie deftige Hausmannskost sowie auch Eisbecher und Kaffee genießen. Ein Strandtag kann hier auf der Südterrasse oder auch am gemütlichen Tresen bei einem Pils frisch vom Fass, einem Cocktail oder einem der erlesenen Weine ausklingen.

Spezialität des Hauses: Pizza Amrum

Seefohrerhus

Das Restaurant ist das Vereinslokal des Amrumer Jachtclubs und liegt direkt am Seezeichenhafen von Wittdün. In maritimem Ambiente werden hier Fisch frisch vom Kutter und andere regionale Produkte angeboten. Auch Liebhaber von Fleisch kommen auf ihre Kosten, denn es wird auch Fleisch vom Lavastein angeboten.

Spezialität des Hauses: Friesenpaella

Strandbar Seehund

Mit Flammkuchen, Fischbrötchen und anderen Leckereien kann man sich in der Strandbar stärken und den traumhaften Ausblick auf den Kniepsand genießen. Auch Strandkörbe kann man hier mieten.

Spezialität des Hauses: Krabbenbrötchen mit Knoblauchsoße

Die Insel-Praline

In der Confiserie und Café wird ein großes Angebot an Trüffeln, Leckereien aus Marzipan und Nugat, Fruchtgummi und maritimen Süßwaren angeboten. Ein breites Feinkostangebot aus Essig, Ölen, Meersalz und vielem mehr rundet das Angebot ab. Und wenn Sie möchten, können Sie hier sogar Likör-Ansatzmischungen erwerben. Auf der Terrasse des Cafés genießen Sie den leckeren Kuchen. Haben Sie noch Zeit, bis die Fähre Sie wieder aufs Festland führt, finden Sie hier für die Lieben zu Hause so einiges an kulinarischen Köstlichkeiten.

Spezialität des Hauses: Rumtrüffel mit einem Espresso Macchiato

Scholle's Buttze

Die Lokalität ist gleichzeitig Bistro & Imbiss. Räucherfisch (auch vakuumverpackt) aus dem eigenen Räucherofen wird angeboten sowie Fisch in allen Variationen, wie Backfisch, Fish & Chips,

gebratenes Thunfischfilet und Wraps mit Fischfül-
lung. Ein Paradies für Fischliebhaber. Hier soll es
die besten Fischbrötchen geben.

Spezialität des Hauses: Räucherfisch in allen
Variationen

Café Auszeit
Das kleine Café am Rand von Wittdün in Richtung
Süddorf wurde mit viel Liebe zum Detail eingerichtet. Angeboten werden außer Kuchen, Crêpes
und Waffeln auch kleine herzhafte Snacks.

Spezialität des Hauses: Frischkäsetorte mit
Himbeeren.

Stadl am Meer
Österreichische und norddeutsche Gerichte, alles
auf einer Karte. Also, d. h. das Angebot reicht von
Heringsfilet über Schnitzel bis zum Kaiser-
schmarrn und wird von Personal in zünftigen Le-
derhosen serviert. Das Weinangebot ist reichhal-
tig und passt gut zu den angebotenen Gerichten.

Spezialität des Hauses: Gebackene Rinderle-
ber

Die Blaue Maus
5 bis 6 Windstärken lassen sich mit der großen
Whisky- und Rumkarte sicher überstehen.

Whisky Seminare und Tastings werden hier ebenfalls angeboten und auf der Webpage unter ‚Aktuelles' bekannt gegeben. Hier kann man auch Backgammon oder eine Partie Schach spielen und mit alten und neuen Bekannten klönen. Die Blaue Maus existiert bereits seit 1950 und gehört zu einem Besuch auf der Insel einfach dazu.

WO ISST MAN IN STEENODDE?

Likedeeler
Das direkt am Wattwanderweg gelegene Restaurant ist eine Institution auf der Insel. Hier trifft niveauvolle Gastlichkeit auf täglich wechselnde raffinierte Gerichte aus der Heimatküche. Edle Cocktails und Drinks können hier nach 21:00 Uhr genossen werden.

hal mei
Friesische, vegetarische, vegane, klassische und süße Tapas mit Blick aufs Watt zu genießen, ist hier die Devise.
Spezialität des Hauses: Krabben-Leberwurst mit Brotchips

Heiraten auf Amrum; etwas ganz Besonderes

Sie können natürlich auch auf den Fidschi-Inseln oder auf Hawaii heiraten. Wenn Sie sich keine luxuriöse, aber trotzdem einmalige Kulisse für Ihren Traumtag wünschen, „trauen" Sie sich einfach, auf Amrum zu heiraten. Sie können hier Ihren Tag in kleinem Rahmen feiern oder Sie laden Ihre Familie und Freunde ein, den großen Tag mit Ihnen gemeinsam zu feiern. Hierfür ist jedoch eine sehr frühzeitige

Vorbereitung nötig, da größere Hotels auf Amrum rar gesät sind, wenn Sie eine größere Hochzeitsgesellschaft unterbringen wollen. Natürlich sind genug Übernachtungsmöglichkeiten in allen Preisklassen vorhanden. Frühzeitige Planung lautet die Devise in jedem Fall. Je nach Vorliebe haben Sie verschiedene Möglichkeiten auf der Insel.

Auf dem Amrumer Leuchtturm
Eine außergewöhnliche Kulisse bietet der Leuchtturm, der rot-weiße, imposante Riese auf Amrum. Ein kleiner Raum für die Trauung ist ziemlich weit oben im Leuchtturm unter dem Leuchtfeuer eingerichtet. Nach der Trauung können Sie bei gutem Wetter auf dem Rundbalkon einen traumhaften Blick über die Insel, das Watt, den Kniepsand und das Meer genießen. Also beste Aussichten für eine gemeinsame Zukunft. Für Frühaufsteher bzw. Lerchen sehr geeignet, weil der Trautermin bereits früh am Morgen stattfindet. Das heißt, die Anfahrt zum Leuchtturm und der Aufstieg müssen dann bereits absolviert sein. Der Termin findet so früh statt, weil der Leuchtturm anschließend wieder für Besucher geöffnet wird.

In der Amrumer Windmühle

In romantischem Rahmen können Sie sich hier trauen lassen. Der originelle Trauraum versprüht einen urigen Charme und hier finden bis zu 100 Gäste Platz. Das Amrumer Kulturdenkmal wird vom Verein zur Erhaltung der Amrumer Windmühle e. V. betrieben und freut sich über eine Spende des Brautpaares.

Auf dem Motorschiff „MS Eiluun"

Heiraten auf der MS Eiluun ermöglicht Ihnen, der realen Welt zu entfliehen und im nordfriesischen Wattenmeer ganz Sie selbst zu sein. Mit der MS Eiluun schippern Sie in den sicheren Hafen der Ehe und der schönste Tag im Leben findet auf dem Meer statt.

Im „Öömrang Hüs"

Das Öömrang Hüs ist ein weitestgehend im Originalzustand belassenes reetgedecktes Friesenhaus aus dem Jahr 1736, in dem in der stilvollen, klassisch gekachelten Kapitänsstube das Trauzimmer eingerichtet ist. Der Raum ist sehr klein und niedrig, aber es können dort bis zu 15 Personen an der Trauung teilnehmen. Nach der Trauung ist es möglich, einen Empfang im Garten stattfinden zu lassen. Ein kleiner Sektempfang ist nach vorheriger Absprache in der kleinen historischen Küche möglich, dort aber wirklich nur in kleinem Rahmen. Das Öömrang Hüs gehört dem Öömrang Ferian, dem Heimat- und Kulturverein auf der Insel Amrum. Eine Spende an diesen Verein ist die Voraussetzung, um dort zu heiraten.

Die Hochzeitstorte
Cafés, die Hochzeitstorten herstellen, sind das Café Klausen in Nebel und Café Schult in Norddorf. Bitte teilen Sie rechtzeitig Ihre Wünsche mit.

Der Blumenschmuck
Bitte telefonieren Sie vor der Anreise mit dem Blumenladen Petra Godejohann in Norddorf. Vielleicht können Sie schon Ihre Wünsche äußern in Bezug auf Farben und Art der Blumen, denn der Brautstrauß muss ja auch zum Kleid passen. Bitte machen Sie einen Abholtermin aus, wenn Sie kurzfristig anreisen müssen. Wenn die Hochzeit von einem der Hotels organisiert wird, lassen Sie den Blumenschmuck vom Hotel besorgen und teilen diesem Ihre Wünsche mit.

Das Fotoshooting

Es gibt so viele Möglichkeiten für tolle Hintergründe; die Bohlenwege, das Meer, der Kniepsand, Strandkörbe, Pferdeweiden, der Leuchtturm im Hintergrund. Lassen Sie sich bei einem Aufenthalt inspirieren oder erzählen Sie dem Fotografen von Ihren Plänen. Gemeinsam lassen sich sicherlich viele der Ideen umsetzen. Wenn Sie mit Ihren Bildern Erinnerungen schaffen wollen, so buchen Sie einen Fotografen, der mit Leidenschaft bei der Sache ist und mit seiner Bildergeschichte die Großartigkeit Ihrer Hochzeit erzählt. Eine authentische, kreative und echte Story würde zur Insel Amrum passen, ohne Kitsch und Klischee. Wertvoller als alles andere sind doch die vielen kleinen, lustigen und ehrlichen Momente, die bleiben und den Tag unvergesslich machen. Das hat natürlich seinen Preis.

Ohne amtliche Voraussetzungen geht es leider nicht

Folgende Klippen sind zu umrunden:

1. Legen Sie einen Termin mit dem Standesamt Föhr-Amrum II fest.

Terminabsprache unter: +49 (4682) 941 141 Montag bis Donnerstag von 9:00–12:00 Uhr und von 14:00– 16:00 Uhr.

2. Wenn Sie sich auch kirchlich trauen lassen möchten, rufen Sie das Evangelische Pastorat in Nebel unter +49 (4682) 2389 an oder das Katholische Pfarramt in Wyk auf Föhr unter +49 (4682) 5573.

3. Fragen Sie beim zuständigen Standesamt, dort, wo Sie gemeldet sind, nach, welche Urkunden für die standesamtliche Trauung benötigt werden.

4. Die Eheschließung muss beim zuständigen Standesamt im Heimatort angemeldet werden. Die Unterlagen werden dann von dort zum Standesamt Föhr-Amrum II gesandt.

5. Nach ein paar Tagen rufen Sie am besten beim Standesamt Föhr-Amrum II an, ob die Unterlagen dort angekommen sind.

6. Sie sollten mindestens zwei Tage vor dem Trautermin auf Amrum anreisen und beim Standesamt Ihre gültigen Ausweise vorlegen, eventuell Trauzeugen benennen, eines der schönen Stammbücher aussuchen und die anfallenden Gebühren entrichten.

Die kirchliche Trauung kann in der St.-Clemens-Kirche in Nebel stattfinden. Die Kirche liegt mitten in Friesendorf Nebel, umgeben von hohen Ulmen, und bietet einen schönen Rahmen für Ihre Trauung.

Wind und Sand haben Vorfahrt und geben Kraft

Die Insel Amrum ist ein Ort, wo man Kraft tanken kann, im wahrsten Sinne des Wortes. Dazu muss man bereit sein, sich der Natur zu stellen, dann kann man alle Probleme und Sorgen loslassen. Am tosenden Meer hört man nur noch das Geräusch der Brandung und den Wind und man hat das Gefühl, nur noch dieses Geräusch wahrnehmen zu wollen, denn es gehört zu den natürlichen Geräuschen des

Lebens. Man spürt das Salz auf den Lippen und das Meer ist wie das Spiegelbild unserer Seele, einmal ruhig, dann wieder rau und aufgewühlt. Beobachten Sie, wie sich die Farben des Meeres und des Himmels stündlich ändern und atmen Sie die Luft tief in Ihre Lungen ein, hören Sie den Möwen zu, die im Wind atemberaubende Flugmanöver veranstalten. Windgepeitschte Wolken ziehen an Ihnen vorbei oder auch silberne Regenschleier, nichts kann schöner sein.

Wenn Sie traurig sind, singen Sie am einsamen Kniepsand am Meer und vielleicht stellen Sie dann schnell fest, dass Ihre Stimme schlimmer ist als das Problem. Vielleicht sehen Sie jetzt auch bewusst, dass an einer Stelle die Sandkörnchen ungebremst über den Kniepsand sausen und sich an anderer Stelle zu kleinen Häufchen sammeln. Eine Muschelschale oder ein kleiner Stein reichen schon. Aus einzelnen Körnern werden so kleine Hügel und diese können zu Bergen wachsen. Hier wiegt sich der Strandhafer im Wind, der die Dünen mit seinen langen Wurzeln zusammenhält. Das Muschelsuchen gehört natürlich zum Amrum-Urlaub dazu. Zu finden gibt es filigrane Stabmuscheln, bauchige Herzmuscheln und glanzvoll schimmernde Miesmuscheln. Beste Bedingungen für das Sammeln von Bernstein findet man dann, wenn das Wasser eisig kalt ist, im Januar. Im Schlick bei ablaufendem Wasser sammeln sich die Schätze an. Die Insel hat auch bei grauem Himmel und Nebel eine ungeahnte Strahlkraft, der man sich nicht entziehen kann. Beste Voraussetzungen für das Nachdenken über das Leben und vielleicht auch für einen Wechsel der Perspektive.

Auch die Wattenseite hat ihre Reize. Man sieht und hört verschiedene Vogelarten und interessiert sich vielleicht sogar plötzlich intensiv für Austernfischer und Strandläufer, obwohl dies vorher nicht so war. Ein Morgenspaziergang am Watt und vielleicht sieht man in der Sonne Glitzersternchen auf dem Meer.

Der Kiefernwald und die lila- und rosafarbene Heide wirken beruhigend auf das Gemüt und haben so auch ihre Reize. Im Wald riecht es intensiv nach Wald, was anderenorts mittlerweile nicht immer der Fall ist.

Sie sind eins mit der Natur und sehen sich immer wieder an diesen Sehnsuchtsort zurück. Urlaub auf Amrum ist wie Heimkommen.

Praktische Tipps

Mieten von Strandkörben

Die Strandkörbe werden jedes Jahr im April zu den Stränden gebracht. In Nebel können Strandkörbe direkt am Kniepsand gemietet werden, in Norddorf am Strandübergang und in Wittdün bei der Strandbar. Sichern Sie sich Ihren Logenplatz direkt am Meer. Auf Wunsch wird Ihr Strandkorb mit dem Traktor dorthin gefahren, wo Sie ihn haben möchten. Abends werden die Strandkörbe mit der Rückseite zum Meer gestellt, damit kein Flugsand in die Körbe weht.

Mieten von Fahrrädern

Das Fahrrad bietet sich wegen der kurzen Entfernungen als Fortbewegungsmittel Nr. 1 an. Riesige Fahrradtouren lassen sich auf Amrum natürlich nicht unternehmen. Die längste Tour von Wittdün über Nebel nach Norddorf und wieder zurück umfasst gerade mal 25 km. Allerdings hat man zwei Möglichkeiten zur Auswahl, sodass man die Tour auch gut als Rundtour planen kann. Es gibt den Weg durch den Wald, an urigen kleinen Friesenhäuschen vorbei, und den Weg, der am Watt entlangführt und natürlich schöne Aussichten auf das Wattenmeer liefert.

Wassersport auf Amrum

Die Wassersportschule in Norddorf bietet Surf-, Kite- und Segelkurse an. In Wittdün ist es möglich, sich im Stand-up-Paddling auszuprobieren.

Wo schaue ich den Sonnenuntergang an?

Am schönsten ist der Sonnenuntergang auf der sogenannten Aussichtsplattform Himmelsleiter in Norddorf zu sehen. Die Sonne taucht natürlich an der ganzen Westseite von Amrum vom Horizont ins Meer ein. Zur Himmelsleiter kommt man entweder über einen Holzbohlenweg durch die Dünen oder über den Strand.

Bollerwagen

Bollerwagen sind sehr praktisch, gerade für Familien. Teilweise werden diese kostenlos an den Unterkünften zur Verfügung gestellt oder am Strand oder bei Fahrradverleihern vermietet. Handtücher, Strandmuscheln, Schaufeln und Kühltaschen lassen sich so leicht transportieren.

Fahrradverleih

Es ist nicht unbedingt nötig, auf Amrum ein E-Bike zu leihen, denn die Insel ist größtenteils flach und mit einer normalen Gangschaltung kommt man überallhin.

In Nebel: Bei Stefans Fahrradverleih werden die Räder sogar bis an Ihr Feriendomizil gebracht (ab 3 Tage Mietzeit). Zubehör gibt es hier gratis, wie Helme, Körbe, Schlösser, Hosenbänder, Spanngummis und Sattelüberzüge. Anhänger und Bollerwagen können Sie hier ebenfalls mieten und es gibt sogar die Möglichkeit, Fahrräder mit Nachläufer zu mieten. Und sollten Sie mal eine Panne haben, bringt Stefans Fahrradverleih Ihnen ein Ersatzrad.

Direkt beim Haus des Gastes in Nebel ist ebenfalls ein kleiner, aber feiner Fahrradverleih.

In Wittdün: Hier gibt es die Möglichkeit, bei Marcs Fahrradverleih oder dem Amrumer Radhaus Räder zu leihen.

In Norddorf: Neu ist der Fahrradverleih Eldorado an der Bushaltestelle. Hier werden neuwertige Fahrräder und E-Bikes angeboten. Auch Familie Schau bietet neben Ferienwohnungen Fahrräder zum Leihen an. Die Qualität ist gut und die Preise sind günstig. In ‚Windstärke 13' werden ebenfalls Räder von hoher Qualität angeboten. Am besten ist es, wenn Sie das Fahrrad an dem Ort leihen, wo Sie wohnen.

Einkaufen direkt beim Bauern

Im Hofladen Martinen in Süddorf können Sie frisches Bioobst- und Gemüse kaufen, Eier und auch die leckeren Brötchen vom Café Clausen. Fleisch aus der eigenen Rinderzucht wird ebenfalls verkauft und auch vakuumiert angeboten. Das Futter für die Rinder wird von den Martinens selbst angebaut. Und der Hofladen wird mit viel Liebe von Frau Martinen geführt.

Herstellung und Verlag:
BoD – Books on Demand, Norderstedt
ISBN: 9783755783343

1. Auflage
Kontakt: Psiana eCom UG/ Berumer Str. 44/ 26844 Jemgum
Covergestaltung: Fenna Larsson
Coverfoto: depositphotos.com